El asistente de parrilla Traeger

Parrilla de pellets de madera con 50 recetas originales

Enrica Melis

Reservados todos los derechos.

Descargo de responsabilidad

La información contenida i está destinada a servir como una colección completa de estrategias sobre las que el autor de este libro electrónico ha investigado. Los resúmenes, estrategias, consejos y trucos son solo recomendaciones del autor, y la lectura de este libro electrónico no garantiza que los resultados de uno reflejen exactamente los resultados del autor. El autor del eBook ha realizado todos los esfuerzos razonables para proporcionar información actualizada y precisa a los lectores del eBook. El autor y sus asociados no serán responsables de ningún error u omisión no intencional que se pueda encontrar. El material del eBook puede incluir información de terceros. Los materiales de terceros forman parte de las opiniones expresadas por sus propietarios. Como tal, el autor del libro electrónico

no asume responsabilidad alguna por ningún material u opiniones de terceros..

Sommario

INTRODUCCIÓN

si disfruta de una buena barbacoa de vez en cuando, se lo está perdiendo si no está con Traeger. Después de todo, Traeger's son parrillas de leña. Al final del día, la madera y el propano siempre ganan. El sabor de cocinar su carne en un fuego de leña o carbón le da es superior a cualquier otra cosa. Cocinar su carne en madera le da un sabor excelente.

Con cualquier otra parrilla de pellets, tendrá que monitorear constantemente el fuego para evitar brotes, lo que hace que sea un dolor de cabeza cuidar a los niños.Sin embargo, Traeger tiene tecnología incorporada para garantizar que los pellets se alimenten con regularidad. Para ver qué tan caliente está la parrilla, mide y agrega o quita leña a / pellets para controlar la temperatura Naturalmente, una parrilla

Traeger tiene una perilla de control de temperatura fácil de usar

Puede elegir desde parrillas baratas hasta parrillas caras de Traeger. Elija uno entre 19,500 BTU o 36,000 BTU. Todo también es posible. El rendimiento de la parrilla varía con la intensidad de la parrilla.

No son solo parrillas. También son mezcladores. Toda la zona de cocción está oscurecida por campanas que se pueden bajar. El calor entra en el área de cocción Es probable que el aire caliente y el humo se distribuyan uniformemente mientras los alimentos se cocinan en la olla debido a esto.

Además, las parrillas Traeger también son un horno de convección. En términos generales, los de Traeger son bastante indulgentes. Solo para ilustrar ... puedes usar un Traeger para cocinar un bistec, así como una pizza. Aún más.

También usa menos energía. La configuración inicial requiere 300 vatios. pero solo el comienzo del proceso. Después de eso, la bombilla consume solo 50 vatios de potencia.

¿Qué es la barbacoa? ¿Fumar o asar a la parrilla?

Si y no. Aunque el uso más común del término "barbacoa" describe la parrilla del patio trasero, algunas personas tienen una definición diferente del término. La barbacoa se puede dividir en dos categorías: caliente y rápida y baja y lenta.

Asar a la parrilla generalmente utiliza un calor directo que oscila entre 300 y 500 grados. Hace un gran trabajo con bistec, pollo, chuletas y pescado. Mientras la comida se cocinará, debes vigilarla de cerca para evitar que se queme. No adquiere un sabor menos ahumado. Sobre todo, esta es una forma sencilla y agradable de cocinar; tiene mucho tiempo para pasar el rato con sus amigos y familiares durante la parrillada.

Es lento y lento. El calor y las temperaturas indirectas en un ahumador suelen oscilar entre 200 y 275. Si alguna vez has estado en Kansas City, Memphis o Texas, sabes de lo que estoy hablando. Un trozo de carne ahumado a fuego lento y poco ahumado puede tardar entre 2 y 15 horas en desarrollar completamente su sabor natural. Cuando observa una carne ahumada lentamente, el "anillo de humo" rosado significa que la carne ha estado en el ahumador durante mucho tiempo.

Cómo usar madera en los ahumadores de barbacoa

La esencia de una buena barbacoa es la madera. Es lo que le da sabor al plato. La madera fue una vez el único combustible disponible, pero controlar la temperatura y la cantidad de humo que llega a la carne es difícil. La mayoría de la gente usa hoy en día ahumadores de carbón, gas, pellets o eléctricos. La madera se agrega en trozos, gránulos o aserrín, y arde y produce una buena cantidad de humo.

El error más común de los principiantes es ahumar demasiado la carne. Los principiantes deben comenzar con una pequeña cantidad de madera y seguir avanzando. Es un error común pensar que debes remojar la madera antes de instalarla, pero no hace mucha diferencia. La madera no absorbe bien el agua y se evapora rápidamente. Cuando coloca leña empapada sobre carbón vegetal, se enfría y desea mantener la temperatura constante al ahumar carnes.

Dependiendo del tipo de madera que uses, el sabor que obtienes varía. El mejor tipo de madera es la madera seca y no verde. Es importante evitar las maderas que contienen savia como pinos, cedros, abetos, Chipre, abetos o secuoyas al elegir la madera. La savia imparte un sabor desagradable a la carne. Además, nunca se deben usar trozos de madera porque generalmente se tratan con productos químicos. No es buena idea ahumar una barbacoa. Nogal, manzano, aliso y mezquite son algunas de las maderas más populares. El nogal y el mezquite le dan a la carne un sabor poderoso, por lo que es mejor para carnes muy condimentadas como las costillas. La madera de manzana y aliso producen un humo más dulce y ligero que es ideal para carnes que no están demasiado condimentadas, como el pescado y el pollo.

Puede tirar las patatas fritas directamente con el carbón en un ahumador de barbacoa de carbón. Los trozos de madera funcionan mejor en parrillas de gas. Si tienes problemas para que los trozos de madera ardan sin llama, trata de envolverlos en papel de aluminio y cortar hendiduras en la parte superior. Coloque los trozos de madera en una bolsa de papel de aluminio sobre las brasas. En unos minutos, la madera debe comenzar a arder. Es fundamental incorporar la madera al proceso de ahumado de la barbacoa lo antes posible. Los embutidos absorben más fácilmente el humo.

Siempre debe pesar la cantidad de madera que coloca. Esto le permite ajustar la cantidad cada vez para lograr el efecto deseado. Dependiendo del grosor de la carne, la cantidad variará. Para las costillas, 8 onzas para pechuga y puerco desmenuzado, y 2 onzas para pollo, pavo y pescado, use aproximadamente 4 onzas de madera.

Si la madera comienza a arder o hay un humo de barbacoa prolongado, es posible que deba ser creativo. Para aislar aún más la madera, colóquela en una sartén de hierro sobre las brasas. Para los humos de barbacoa más prolongados, también puede hacer una bomba de humo. Llene una bandeja de aluminio con suficiente agua para cubrir las astillas de madera y la otra con suficiente agua para cubrir las astillas de madera. El que no está mojado comenzará a arder de inmediato. Cuando el agua del segundo se evapora, se encenderá y arderá. No tendrá que seguir abriendo la puerta para agregar más madera de esta manera.

CAPÍTULO UNO

Vegano

1. Focaccia a la plancha

ingredientes

- ½ cubo de levadura
- 1 cucharadita de sirope de agave
- 500 g de harina integral
- 1 cucharadita de sal
- 1 diente de ajo
- 2 ramas de romero
- 2 cucharadas de aceite de oliva

Pasos de preparación

1. Desmenuza la levadura en un tazón pequeño y vierte sirope de agave encima. Deja a un lado, unos 10 minutos, hasta que la levadura se haya disuelto y comience a burbujear.

2. Pon la harina y la sal en un bol. Agregue la levadura y 300 ml de agua tibia y trabaje hasta obtener una masa suave. Agrega un poco más de agua si es necesario. Cubre la masa y déjala reposar unas 2 horas.

3. Mientras tanto, presione el diente de ajo. Arranca las agujas de romero de las ramas. Calentar el aceite de oliva en una sartén y dejar reposar el ajo y el romero durante 10 minutos a fuego lento.

4. Divide la masa en cuatro porciones aproximadamente iguales y dale forma de tortas de masa ovaladas con las manos sobre una superficie de trabajo ligeramente enharinada. Unte la masa

con aceite de romero y ase en la parrilla con la tapa cerrada durante 3-4 minutos.

2. Tortas de polenta y espinacas

ingredientes

- 200 g de hojas frescas de espinaca
- 1 l de caldo de verduras
- 4 cucharadas de aceite de oliva
- 2 ramas de romero
- 300 g de polenta
- sal
- pimienta del molino
- nuez moscada recién molida
- 1 bulbo de ajo

Pasos de preparación

1. Clasificar las espinacas, quitar los tallos duros, lavar, escurrir y picar finamente. Llevar a ebullición el caldo de verduras con 1 cucharada de aceite de oliva. Lavar el romero y agregar al caldo. Agregue la polenta, retire del fuego y déjela en remojo durante unos 15 minutos. Revuelva de vez en cuando. Retire el romero y doble las espinacas en la pulpa de polenta. Sazone al gusto con sal, pimienta y nuez moscada. Extienda sobre una bandeja para hornear forrada con papel de hornear y déjela reposar.

2. Calentar la parrilla. Unta la polenta con el resto del aceite de oliva. Divida el bulbo de ajo en los dientes individuales. Cortar la polenta en aprox. 12 piezas y distribuir en dos platos para grill. Espolvorea el ajo por encima. Ase durante unos 10 minutos, volteando una vez.

3. Brochetas de camote y aguacate

ingredientes

- 500 g de batatas grandes (1 batata grande)
- sal
- 350 g de aguacate pequeño (2 aguacates pequeños)
- 3 cucharadas de aceite de sésamo
- pimienta
- 2 dientes de ajo
- 20 g de jengibre (1 pieza)
- 4 tallos de cilantro
- 1 guindilla roja
- ½ cucharadita de granos de pimienta
- ½ cucharadita de semillas de cilantro

- 2 cucharadas de jugo de lima
- 1 cucharadita de sirope de agave
- 2 cucharadas de vinagre de arroz
- 2 cucharadas de salsa de soja

Pasos de preparación

1. Pele la batata, córtela en trozos pequeños y cocine en agua hirviendo con sal durante unos 5 minutos. Luego escurrir y escurrir bien.

2. Mientras tanto, pelar los aguacates, cortarlos por la mitad, quitarles el corazón, sacar la pulpa de la piel con una cuchara y cortarlos en trozos pequeños. Coloque trozos alternos de camote en 8 brochetas de madera, unte con 1 cucharada de aceite y sazone con sal y pimienta. Asa las brochetas en la parrilla precalentada durante unos 5 minutos, dándoles la vuelta de vez en cuando.

3. Mientras tanto, pela el ajo y el jengibre para el aderezo y pica ambos muy

finamente. Lavar el cilantro, agitar para secar y picar finamente. Cortar el chile por la mitad a lo largo, quitar el corazón, lavar y picar. Triturar finamente las semillas de pimiento y cilantro en un mortero. Mezcle ambos con ajo, jengibre, hojas de cilantro y chile con el aceite restante, jugo de lima, jarabe de agave, vinagre de arroz y salsa de soja y sazone al gusto.

4. Coloque las brochetas en platos y rocíe con el aderezo.

4. Papas al limón a la parrilla

ingredientes

- 800 g de patatas pequeñas
- sal
- 3 dientes de ajo
- 1 limón orgánico
- 4 cucharadas de aceite de oliva
- pimienta

Pasos de preparación

1. Lave las patatas y cocínelas previamente en agua hirviendo con sal durante unos 15 minutos. Mientras tanto, calienta la parrilla.

2. Pelar el ajo y picarlo en rodajas finas. Lave el limón con agua caliente, séquelo,

frote la cáscara y exprima el jugo. Mezclar ambos con el ajo y el aceite, sal y pimienta. Escurre las patatas, deja que se evapore, corta las patatas grandes por la mitad si es necesario y mézclalas con la marinada.

3. Coloque las papas en un recipiente para asar y cocine a la parrilla hasta que estén doradas, volteándolas ocasionalmente.

4. Sirva en tazones pequeños.

5. Batatas con pistachos

ingredientes

- 1000 g de batatas (4 batatas)
- sal
- 10 g de perejil (0,5 manojo)
- 1 cebolla tierna
- 60 g de pistachos
- 1 lima (jugo)
- 10 g de mostaza más fuerte (1 cucharada)
- 2 cucharadas de sirope de arce
- 2 cucharadas de aceite de oliva
- pimienta
- 1 cucharadita de aceite de colza

Pasos de preparación

1. Lave bien las batatas y cocine en agua hirviendo con sal durante unos 20 minutos a fuego lento. Luego retirar, escurrir y dejar enfriar.

2. Mientras tanto, lavar el perejil, agitar para secar, arrancar las hojas y picar. Limpiar y lavar las cebolletas y cortarlas en aros finos. Pica los pistachos en trozos grandes y mézclalos con el perejil y la cebolleta.

3. Para el aderezo, mezcle jugo de lima con mostaza, jarabe de arce y aceite de oliva y sazone con sal y pimienta.

4. Engrase ligeramente la rejilla de la parrilla con 1/2 cucharadita de aceite de colza. Corta las batatas a la mitad a lo largo y cubre las superficies cortadas con el resto del aceite de colza. Coloque las batatas con la superficie cortada hacia abajo en la parrilla precalentada y cocine a la parrilla durante 7-10 minutos hasta

que estén cocidas y tengan un patrón de parrilla agradable.

5. Coloque las batatas en platos, sazone con sal, rocíe con aderezo y espolvoree con la mezcla de pistachos.

6. Cebolletas tiernas a la parrilla

ingredientes

- 14 polos de cebolletas rojas
- 2 ramas de romero
- 4 hojas de acedera
- 4 cucharadas de aceite de oliva
- sal
- pimienta

Pasos de preparación

1. Lave bien las cebolletas, corte las raíces gruesas y colóquelas en un asado de aluminio. Lavar el romero y la acedera, agitar hasta secar y colocar también en la fuente para asar.

2. Rocíe todo con aceite de oliva, sal y pimienta. Ase en la parrilla precalentada durante unos 5 minutos, girando varias veces.

7. Maíz y calabaza a la parrilla

ingredientes

- 2 mazorcas de maíz
- sal
- 400 g de pulpa de calabaza hokkaido
- 2 chiles rojos
- 2 dientes de ajo
- 4 tallos de tomillo
- 4 cucharadas de aceite de oliva
- pimienta del molino

Pasos de preparación

1. Lave la mazorca de maíz y cocine en abundante agua con sal durante unos 10

minutos hasta que esté blanda. Luego deje escurrir.

2. Lave bien la calabaza y córtela en gajos de 2-3 cm de grosor. Lavar los chiles, cortar por la mitad, descorazonar y cortar en aros finos. Pelar los dientes de ajo y cortarlos en rodajas finas. Lava el tomillo, sécalo y quita las hojas del tallo. Aparte dos tallos para la guarnición.

3. Haga una marinada con aceite de oliva, guindilla, ajo, sal, pimienta y tomillo y unte las rodajas de calabaza y el maíz con ella. Coloque las verduras en los tazones de la parrilla, rocíe con la marinada restante y cocine en la parrilla caliente durante unos 20 minutos, dándoles vuelta varias veces. Colocar las rodajas de calabaza y el maíz en una fuente y decorar con el tomillo.

8. Tomates cuscús a la plancha

Ingredientes

- sal
- 2 cucharadas de aceite de oliva
- 200 g de cuscús instantáneo
- 50 g de piñones
- ½ perejil traste
- 1 manojo de cebolletas
- 30 g de pasas sultanas
- 1 cucharadita de pimentón rosa fuerte
- 1 cucharadita de canela
- pimienta
- 1200 g de tomates (6 tomates)

Pasos de preparación

1. Llevar a ebullición 250 ml de agua con sal con el aceite. Retirar del fuego y verter el cuscús.

2. Remover brevemente y tapar y dejar en remojo durante 5 minutos.

3. Poner en un bol y esponjar con un tenedor.

4. Tostar los piñones en una sartén sin grasa.

5. Lavar el perejil, agitar para secar, picar las hojas. Limpiar, lavar y cortar en rodajas finas las cebolletas.

6. Mezclar el cuscús con los piñones, el perejil, las cebolletas, las pasas, el pimentón y la canela. Condimentar con sal y pimienta.

7. Lava los tomates. Corta una tapa y raspa las semillas con una cucharada.

8. Sazone el interior de los tomates con sal y pimienta y rellénelos con el cuscús. Vuelve a ponerte las mantas.

9. Asa los tomates en una bandeja para grill ligeramente engrasada a fuego medio durante 10 minutos. Cubre los tomates con un recipiente de metal (o ásalos a la parrilla debajo de una parrilla hervidor cerrada, si tienes una).

9. Hinojo a la plancha

ingredientes

- 4 tubérculos de hinojo
- 2 cucharadas de aceite de oliva
- 1 rama de romero
- sal
- pimienta del molinillo

Pasos de preparación

1. Limpiar y lavar el fechel y cortarlo longitudinalmente en rodajas. Coloque sobre una mesa o parrilla de carbón y cocine a la parrilla durante 2-3 minutos por cada lado.

2. Corta el romero y colócalo entre las rodajas de hinojo calientes. Rocíe el hinojo con aceite de oliva y sazone con sal y pimienta. Servir inmediatamente.

10. Alcachofas a la plancha con perejil

ingredientes

- 1 diente de ajo
- 3 cucharadas de aceite de oliva
- 16 corazones pequeños de alcachofa
- 1 cucharada de jugo de limón para rociar
- sal
- pimienta del molino
- 2 cucharadas de perejil picado

Pasos de preparación

1. Pelar el diente de ajo, picarlo muy fino y mezclarlo con el aceite.

2. Limpiar las alcachofas dejando reposar parte del tallo y pelarlas. Cortar las alcachofas limpias a lo largo en rodajas de aproximadamente 1 cm de grosor y rociar inmediatamente con jugo de limón. Sal, pimienta y asa a la parrilla durante aprox. 2 minutos por ambos lados (alternativamente, sofreír en un poco de aceite de oliva en una sartén grill).

3. Retirar de la parrilla y colocar en un bol, rociar con el aceite de ajo y servir tibio mezclado con perejil.

CAPITULO DOS

Guarniciones

11. Ketchup de tomate picante

ingredientes

- 1 ½ kg de tomates
- 2 cebollas
- 2 dientes de ajo
- 150 g de manzanas pequeñas (1 manzana pequeña)
- 2 cucharadas de aceite de oliva
- 3 cucharadas de sirope de arce
- 6 granos de pimienta de Jamaica
- 1 cucharadita de granos de pimienta

- 1 cucharada de semillas de mostaza
- 1 hoja de laurel
- 1 diente
- 100 ml de vinagre de sidra de manzana
- sal
- pimienta de cayena
- canela en polvo

Pasos de preparación

1. Limpiar, lavar y picar los tomates. Pelar y picar las cebollas y los ajos. Limpiar la manzana, cortarla por la mitad, quitarle el corazón y cortarla en cubos pequeños.
2. Caliente el aceite en una olla. Sofreír las cebollas, el ajo y la manzana a fuego medio durante 2 minutos. Vierta jarabe de arce sobre él y caramelice suavemente durante 5 minutos mientras revuelve. Agregue la pimienta de Jamaica, la pimienta, la mostaza, la hoja de laurel y el clavo y cocine por 3 minutos. Agregue los tomates y el vinagre y deje hervir a

fuego lento durante unos 30 minutos a fuego lento, revolviendo ocasionalmente.

3. Pasar la mezcla de tomate por un colador, volver a ponerlo en la olla, llevar a ebullición y dejar hervir a fuego lento durante unos 10 minutos a fuego lento. Sazone los tomates con sal, pimienta de cayena y una pizca de canela, llénelos en botellas limpias y ciérrelas bien. (Vida útil: alrededor de 2 a 3 semanas)

12. Zanahorias asadas

Ingredientes

- 800 g de zanahorias
- 3 cucharadas de aceite de oliva
- ½ cucharadita de miel líquida
- 1 ½ cucharada de jugo de naranja
- ½ cucharadita de orégano seco
- sal marina
- pimienta

Pasos de preparación

1. Limpiar, pelar y cortar por la mitad las zanahorias a lo largo. Mezclar el aceite con la miel, el jugo de naranja y el orégano. Cepille la superficie cortada de

las zanahorias con ella y colóquela en la parrilla caliente.

2. Cierra la tapa y asa las zanahorias durante unos 6 minutos. Sazone con sal, pimienta y sirva en 4 platos.

13. Focaccia a la plancha

ingredientes

- ½ cubo de levadura
- 1 cucharadita de sirope de agave
- 500 g de harina integral
- 1 cucharadita de sal
- 1 diente de ajo
- 2 ramas de romero
- 2 cucharadas de aceite de oliva

Pasos de preparación

1. Desmenuza la levadura en un tazón pequeño y vierte sirope de agave encima. Deja a un lado, unos 10 minutos, hasta que la levadura se haya disuelto y comience a burbujear.

2. Pon la harina y la sal en un bol. Agregue la levadura y 300 ml de agua tibia y trabaje hasta obtener una masa suave. Agrega un poco más de agua si es necesario. Cubre la masa y déjala reposar unas 2 horas.

3. Mientras tanto, presione el diente de ajo. Arranca las agujas de romero de las ramas. Calentar el aceite de oliva en una sartén y dejar reposar el ajo y el romero durante 10 minutos a fuego lento.

4. Divida la masa en cuatro porciones aproximadamente iguales y forme tortas de masa ovaladas con las manos sobre una superficie de trabajo ligeramente

enharinada. Unte la masa con aceite de romero y ase en la parrilla con la tapa cerrada durante 3-4 minutos.

14. Mazorca de maíz a la plancha con parmesano

Ingredientes

- 4 mazorcas de maíz
- sal
- 1 pizca de azúcar
- 50 g de parmesano (1 pieza)
- 1 lima
- 2 cucharadas de aceite de girasol

- 30 g de mantequilla de yogur (2 cucharadas)
- sal marina
- Chile en polvo

Pasos de preparación

1. Limpiar la mazorca de maíz y cocinar a fuego lento en agua hirviendo con sal y azúcar a fuego lento durante unos 15 minutos.

2. Mientras tanto, ralle el parmesano. Lavar la lima con agua caliente y cortarla en cuartos.

3. Sacar la mazorca de maíz de la olla y escurrir. Luego extienda una fina capa de aceite y cocine a la parrilla en la parrilla caliente durante 10 minutos, volteando ocasionalmente.

4. Cubra la mazorca de maíz con hojuelas de mantequilla, sazone con sal y chile y espolvoree con parmesano. Sirve los cuartos de lima con la mazorca de maíz.

15. Patatas a la plancha con hierbas

Ingredientes

- 800 g de patatas cerosas
- sal
- 1 rama de romero
- 1 diente de ajo
- 1 chalota
- 6 cucharadas de aceite de oliva
- aceite para la parrilla
- hierbas frescas mezcladas para decorar
- 1 cucharada de jugo de limón para rociar

Pasos de preparación

1. Lave bien las patatas y cocínelas previamente en agua hirviendo con sal durante unos 20 minutos.
2. Mientras tanto, calienta la parrilla.
3. Lavar el romero, agitar para secar, quitar las agujas y picar finamente. Pelar el ajo y la chalota, también picar finamente y mezclar con el romero, el aceite, la sal y la pimienta.
4. Escurre las papas, déjalas evaporar, córtalas por la mitad, mézclalas con el aceite de hierbas y colócalas con la superficie cortada hacia abajo sobre la parrilla caliente y aceitada. Ase durante 3-4 minutos, voltee y ase durante otros 3-4 minutos. Cepille con el resto de la marinada una y otra vez.
5. Sirva las papas con hierbas frescas, rocíe con jugo de limón y sirva inmediatamente.

16. Calabacín a la plancha con queso de oveja

ingredientes

- 600 g de calabacín
- 3 dientes de ajo
- 8 cucharadas de aceite de oliva
- sal
- pimienta
- 150 g de queso feta (45% de grasa en materia seca)
- 2 tallos de menta para decorar

Pasos de preparación

1. Limpiar y lavar el calabacín y cortar en diagonal en aprox. Rodajas de 0,7 cm de grosor. Pelar y picar el ajo y mezclar con

el aceite, sal y pimienta, rociar con las rodajas de calabacín y dejar reposar durante 1 hora aproximadamente.

2. Mientras tanto, desmenuce el queso feta en trozos, lave la menta, agite y retire las hojas. Caliente la parrilla, coloque las rodajas de calabacín en la parrilla caliente y cocine a la parrilla durante 6 a 8 minutos mientras gira. Rocíe con el aceite de ajo una y otra vez. Espolvoree con queso feta y sirva en platos, adornado con menta.

17. Berenjenas con semillas de granada

ingredientes

- 600 g de berenjenas (2 berenjenas)
- sal
- 1 granada
- 10 g de perejil (0,5 manojo)
- 1 diente de ajo
- 3 cucharadas de aceite de oliva
- mar grueso sal
- 1 cucharada de vinagre balsámico

Pasos de preparación

1. Limpiar y lavar las berenjenas, cortar por la mitad a lo largo, sazonar con sal y dejar reposar 10 minutos.

2. Mientras tanto, corta la granada a la mitad y quita las semillas de la fruta. Lavar el perejil, agitar para secar, arrancar las hojas y picar. Pelar y picar finamente los ajos y mezclar con 2 cucharadas de aceite.

3. Seque la berenjena y cepille con la mitad del aceite de ajo. Asa las berenjenas en la parrilla precalentada durante unos 10-12 minutos, volteándolas de vez en cuando y untándolas con el aceite restante.

4. Para servir, espolvorear las berenjenas con semillas de granada, sal marina y perejil y rociar con vinagre balsámico.

18. Tomates de hierbas a la parrilla

ingredientes

- 8 tomates de bistec maduros
- 4 cucharadas de aceite de oliva virgen extra
- 10 g de orégano (0,5 manojo)
- 2 dientes de ajo
- sal
- pimienta

Pasos de preparación

1. Lavar y cortar por la mitad los tomates, untar con un poco de aceite, colocar la superficie cortada sobre una mesa o parrilla de carbón y asar hasta que estén dorados en unos minutos. Mientras

tanto, lave el orégano, agítelo para secarlo y quítele las hojas. Pela los ajos. Pica ambos.

2. Mezcle el aceite restante con orégano, ajo, sal y pimienta. Cepille las superficies cortadas de los tomates calientes con la mezcla y sirva caliente.

19. Lechuga romana a la plancha con aderezo de menta

ingredientes

- 30 g de piñones (2 cucharadas)
- 2 tallos de menta
- 3 cucharadas de aceite de oliva
- sal
- pimienta
- 1 cucharada de jugo de limón
- 600 g de corazón de ensalada de lechuga romana (4 corazones de ensalada de lechuga romana)
- 30 g de parmesano (1 pieza; 30% de grasa en materia seca)
- 200 g de pan integral de espelta

Pasos de preparación

1. Ase los piñones en una sartén caliente a fuego medio sin grasa. Mientras tanto, lava la menta, agítala para secarla y quita las hojas. Haga un puré fino de las hojas con aceite y 2-3 cucharadas de agua. Condimente con sal, pimienta y jugo de limón.

2. Lavar los corazones de lechuga, agitar para secar y cortar por la mitad a lo largo. Unte con 1 cucharada de aceite para condimentar y ase durante 5 minutos en la parrilla precalentada, volteándola de vez en cuando. Mientras tanto, corta el parmesano en rodajas.

3. Colocar los corazones de lechuga en una fuente, rociar con el aceite de condimento restante y espolvorear con piñones y parmesano.

4. Ase el pan baguette a la parrilla y sirva con la ensalada.

20. Brochetas de verduras a la plancha

ingredientes

- 2 pimientos amarillos

- 2 pimientos rojos

- 6 cebollas blancas pequeñas

- 2 calabacines

- 8 hongos

- 3 cucharadas de aceite de oliva

- sal

- pimienta

- 2 cucharaditas de hierbas secas de la Provenza

- 4 ramas de romero

Pasos de preparación

1. Lave, corte por la mitad y descorazone los pimientos y córtelos en trozos pequeños. Pela y corta las cebollas por la mitad. Lavar y limpiar el calabacín y cortar en rodajas de 1 cm de grosor. Limpiar y cortar en cuartos los champiñones.

2. Ponga las verduras y los champiñones alternativamente en brochetas largas. Unte cada uno con un poco de aceite y sazone con sal, pimienta y las hierbas. Lavar el romero, agitar hasta secar y colocar a la parrilla caliente junto con las brochetas de verduras. Ase durante unos 8 minutos por todos lados mientras gira. Servir inmediatamente.

CAPÍTULO TRES
Pescados y Mariscos

21. Besugo a la plancha

ingredientes

- 2 limones
- 2 dientes de ajo
- 5 cucharadas de aceite de oliva
- sal
- pimienta
- 1600 g de besugo (listo para cocinar; 4 doraden)

Pasos de preparación

1. Lave las limas con agua caliente, séquelas, ralle finamente 1 cáscara de fruta y exprima el jugo.

2. Pelar y exprimir los ajos y mezclar con la ralladura de lima, el jugo y el aceite. Condimentar con sal y pimienta.

3. Enjuague el besugo con agua fría, séquelo y cúbralo por dentro y por fuera con la marinada. Coloque sobre una rejilla para asar.

4. Corte el resto de la lima en rodajas, agregue, cierre la rejilla y cocine el besugo en la parrilla precalentada a fuego medio durante 15-20 minutos, volteando una vez entre medias.

22. Sardinas a la plancha con sal de romero

ingredientes

- 12 sardinas
- pimienta fuera de problemas
- jugo de limon
- aceite de oliva
- 12 rebanadas de pan blanco o chapata
- 1 rama de romero
- 150 g de sal marina

Pasos de preparación

1. Calentar la parrilla.
2. Lavar las sardinas, secar, quitar la cabeza y las aletas, desplegar, quitar con cuidado el hueso central y salpimentar

los filetes por ambos lados, rociar con un poco de jugo de limón y aceite de oliva y asar a la parrilla durante unos 3 minutos por cada lado . Ponga el pan en la parrilla y ase por ambos lados.

3. Mientras tanto, lavar el romero, sacudirlo hasta secarlo, quitarle las agujas, picar finamente y moler finamente con la sal en un mortero.

4. Colocar los filetes de sardina sobre las rebanadas de pan y servir espolvoreados con sal de romero.

23. Salmón a la pimienta a la parrilla

ingredientes

- 1 limón orgánico
- 30 g de mantequilla de yogur
- 1 cucharadita de mostaza dulce
- 800 g de chuleta de salmón (4 chuletas de salmón)
- sal pimienta de color molida gruesa

Pasos de preparación

1. Lave el limón con agua caliente, frótelo para secarlo y frote finamente unas 2 cucharaditas de la cáscara. Corta el limón por la mitad, exprime la mitad rallada y corta la otra mitad en rodajas para la guarnición.

2. Derrita la mantequilla en una cacerola pequeña a fuego medio. Agregue la mostaza, el jugo de limón y la ralladura.

3. Enjuague las chuletas de salmón, séquelas y cepille con mantequilla de limón por ambos lados.

4. Sazone con sal y mucha pimienta de color molida gruesa. Ase en una bandeja para grill durante 5-7 minutos por cada lado. Sirve con rodajas de limón.

24. Brochetas de camarones a la parrilla

ingredientes

- 700 g de langostinos listos para cocinar, pelados y desvenados
- 100 ml de salsa de chile agridulce

Pasos de preparación

1. Calentar la parrilla.
2. Lave las gambas, séquelas, mezcle con la salsa de chiles, péguelas en brochetas de madera y colóquelas en la parrilla caliente. Ase a la parrilla durante unos 4 minutos y sirva en fuentes. Sirva con ensalada si lo desea.

25. Brochetas de mariscos a la parrilla

ingredientes

Para las brochetas

- 1 calabacín

- 200 g de filete de salmón listo para cocinar, sin piel

- 200 g de filete de lucioperca listo para cocinar, con piel

- 200 g de camarones listos para cocinar, pelados y desvenados

- 2 limas sin tratar

- 1 cucharadita de granos de pimienta roja

- ½ cucharadita de granos de pimienta negra

- sal marina

- 4 cucharadas de aceite de oliva

Para el chapuzón

- 500 g de yogur natural
- pimienta del molino
- azúcar

Pasos de preparación

1. Lavar y limpiar el calabacín y cortar en rodajas de 1 cm de grosor. Lave el pescado, séquelo y córtelo en cubos del tamaño de un bocado. Lava las gambas. Enjuague las limas con agua caliente, frote la cáscara de una lima y exprima el jugo. Corta la lima restante en rodajas. Triturar los granos de pimienta en un mortero y mezclar con una pizca generosa de sal, el aceite y la mitad del jugo de lima. Colocar los dados de pescado alternativamente con las rodajas de calabacín y las gambas en brochetas de kebab y cubrir con la marinada de lima. Déjelo reposar durante 30 minutos.

2. Para el dip, mezclar el yogur con el resto del jugo de lima, mezclar con sal, pimienta y una pizca de azúcar, rellenar en tazones y decorar con la ralladura de lima. Coloque las brochetas junto con las rodajas de lima en una parrilla caliente y cocine a la parrilla durante 8-10 minutos, dándoles la vuelta de vez en cuando. Sirve con la salsa.

26. Filetes de bacalao a la plancha

ingredientes

- 2 ramas de romero
- 1 naranja orgánica
- 800 g de filete de bacalao (4 filetes de bacalao)
- sal
- pimienta
- 1 cucharada de aceite de colza

Pasos de preparación

1. Lavar el romero y secar con agitación. Corta 1 rama en 4 pedazos; Retirar las agujas de romero restantes y picar muy finamente.

2. Lavar la naranja, secarla y cortar 8 rodajas finas del centro (utilizar el resto para otros fines).

3. Enjuague los filetes de bacalao y séquelos. Condimente con sal, pimienta y el romero picado.

4. Coloque 1 pieza de romero y 2 rodajas de naranja en cada uno de los filetes de pescado. Fijar con hilo de cocina.

5. Unta un plato de aluminio con el aceite. Coloque los paquetes de filetes de pescado encima y cocine a la parrilla por ambos lados durante unos 4-5 minutos.

27. Gambas al limón a la plancha

ingredientes

- 2 dientes de ajo
- ½ jugo de limón sin tratar
- 6 cucharadas de aceite de oliva
- sal
- pimienta del molino
- 700 g de camarones listos para cocinar, pelados y desvenados
- 1 limón sin tratar

Pasos de preparación

1. Calentar la parrilla.
2. Pelar y picar los ajos. Mezclar con el zumo de limón, el aceite, la sal y la

pimienta y marinar los langostinos lavados durante 30 minutos. Luego pegue las brochetas de kebab y cocine a la parrilla durante 2-3 minutos por cada lado. Cortar los limones en rodajas y ponerlos a la parrilla

3. Coloca las brochetas con las rodajas de limón en platos y sírvelas.

28. Brochetas de atún y lima a la plancha

ingredientes

- 600 g de filete de atún
- 2 pimientos verdes
- 2 cebollas
- aceite de oliva
- 2 limas sin tratar
- 1 cucharadita de miel
- sal
- pimienta del molino

Pasos de preparación

1. Enjuague el atún y séquelo. Cortar en trozos pequeños. Lave los pimientos, córtelos por la mitad, límpielos y córtelos

también en trozos pequeños. Pelar las cebollas y cortarlas en gajos. Poner en brochetas de madera alternativamente con el atún y el pimiento morrón. Unte con aceite de oliva y ase a la parrilla durante unos 5 minutos por todos lados, dando vuelta de vez en cuando.

2. Lavar las limas con agua caliente, secarlas y frotar la cáscara. Exprime el jugo. Mezclar ambos con la miel y 2-3 cucharadas de aceite de oliva. Sazone al gusto con sal y pimienta.

3. Coloca las brochetas en platos y sírvelas rociadas con la salsa de lima.

29. Calamares a la plancha con pimentón ahumado en polvo

ingredientes

- 2 cucharaditas de pimentón ahumado en polvo
- sal
- pimienta del molino
- 4 cucharadas de aceite de oliva
- 800 g de calamares frescos
- jugo de limon al gusto

Pasos de preparación

1. Mezclar el pimentón en polvo con sal, pimienta y aceite. Lavar y limpiar los calamares, cortar en trozos grandes,

mezclar con el aceite y dejar reposar 15 minutos.

2. Precalienta la parrilla y asa los calamares a fuego medio durante 3-4 minutos.

3. Colocar en un bol y rociar con un poco de zumo de limón si se quiere.

30. Paquete de fletán

ingredientes

- 2 tubérculos de hinojo
- 400 g de patatas cerosas grandes
- sal
- 1 limón orgánico pequeño
- 5 tallos de albahaca
- 3 cucharadas de aceite de oliva
- 900 g de filete de fletán (6 filetes de fletán)
- pimienta

Pasos de preparación

1. Lavar y limpiar los bulbos de hinojo, cortar el tallo en forma de cuña y cortar los bulbos en tiras finas.

2. Lavar y pelar las patatas y cortarlas en cubos de 1 cm.

3. Cocine los cubos de papa en agua hirviendo con sal durante 7 minutos.

4. Después de 4 minutos agregue las tiras de hinojo a las papas.

5. Escurrir las verduras, mantenerlas brevemente bajo agua fría (apagar) y escurrir bien.

6. Enjuague el limón con agua caliente y seque. Rallar finamente la cáscara y luego exprimir el limón. Lavar la albahaca, secar con agitación, arrancar las hojas y cortar en tiras muy finas.

7. Corta 6 piezas de papel de aluminio a un tamaño de aprox. 30x30 cm. Unte 1 cucharadita de aceite de oliva en cada trozo de papel de aluminio.

8. Lave los trozos de fletán, séquelos y distribúyalos en los trozos de papel de aluminio, sazone con sal y pimienta.

9. Unte las verduras sobre los trozos de pescado y sazone ligeramente con sal y pimienta.

10. Ponga un poco de jugo de limón, ralladura de limón y albahaca en cada pieza de pescado.

11. Envuelva bien los trozos de pescado en el papel de aluminio.

12. Ase los paquetes a la parrilla a fuego medio durante 10 minutos por un lado.

CAPÍTULO CUATRO

Ensaladas de barbacoa

31. ensalada de fideos con sabor a fruta

ingredientes

- 150 g de fideos croissant integrales
- sal
- 75 g de guisantes (congelados)
- 100 g de jamón cocido
- 75 g de edam (30% de grasa en materia seca)
- 125 g de yogur (0,3% de grasa)
- 2 cucharadas de crema ligera para ensalada
- 2 naranjas pequeñas

- sal
- pimienta
- ½ limón

Pasos de preparación

1. Cocine la pasta en agua hirviendo con sal de acuerdo con las instrucciones del paquete.

2. Mientras tanto, cortar el jamón y el queso en trozos de aprox. 5 mm cada uno y mezclar en un bol.

3. Agrega el yogur y la crema de ensalada.

4. 2 minutos antes de que la pasta esté lista, agregue los guisantes a la cacerola y continúe cocinando.

5. Escurrir la mezcla de pasta en un colador, enjuagar brevemente y escurrir bien.

6. Pele las naranjas con un cuchillo lo suficientemente grueso como para quitarles la piel blanca.

7. Retire los filetes de naranja de la piel, córtelos en trozos pequeños, agregue al

jamón y al queso y mezcle bien. Exprime el limón.

8. Agregue la pasta escurrida y los guisantes al bol y mezcle todo bien. Sazone con sal, pimienta y 2 cucharaditas de jugo de limón. Déjelo reposar durante 15 minutos. Sazone si es necesario, antes de servir.

32. Ensalada de papa

ingredientes

- 600 g de patatas cerosas grandes
- sal
- 100 g de cebolla morada (2 cebollas moradas)
- 3 cucharadas de vinagre de sidra de manzana
- 150 ml de caldo de verduras clásico
- ½ cucharadita de sirope de agave
- 1 ½ cucharada de aceite de colza
- 500 g de pepino (1 pepino)
- pimienta
- 3 tallos de eneldo

Pasos de preparación

1. Lave las patatas y cocine en agua hirviendo durante unos 20 minutos. Escurrir, enfriar, pelar mientras aún esté caliente y dejar enfriar.

2. Cortar las patatas en rodajas y sazonar con sal. Pelar las cebollas y picarlas finamente.

3. Llevar a ebullición los dados de cebolla con vinagre, caldo y sirope de agave. Vierta el caldo hirviendo sobre las patatas.

4. Agrega aceite y mezcla todo. Déjelo reposar durante 30 minutos, revolviendo suavemente con más frecuencia.

5. Limpiar y lavar el pepino y cortar en rodajas muy finas. Mezclar con la ensalada, sazonar con sal y pimienta y dejar reposar la ensalada 10 minutos más.

6. Mientras tanto, lavar el eneldo, sacudir para secar, quitar las banderas, picar

finamente, mezclar con la ensalada de papas y servir.

33. Ensalada de aguacate bulgur

ingredientes

- 200 ml de caldo de verduras clásico
- 100 g de bulgur
- 200 g de pimiento rojo (1 pimiento rojo)
- 3 cebolletas
- ½ traste de menta
- 1 limón
- 140 g de aguacate pequeño (1 aguacate pequeño)
- 2 cucharadas de aceite de oliva
- ½ cucharadita de miel líquida

- ½ cucharadita de comino molido
- sal
- pimienta
- 100 g de queso de oveja reducido en grasa

Pasos de preparación

1. Llevar a ebullición el caldo de verduras, añadir el bulgur y tapar y dejar hervir a fuego lento durante 5 minutos. Apague la estufa y deje que el bulgur se hinche durante otros 5-10 minutos.

2. Mientras tanto, corte en cuartos, descorazone, lave y corte el pimiento.

3. Limpiar y lavar las cebolletas y cortarlas en aros finos.

4. Lavar la menta, agitar para secar, arrancar las hojas y cortar en tiras. Corta el limón por la mitad y exprime el jugo.

5. Corta el aguacate por la mitad, quita el hueso. Pelar el aguacate y cortar la pulpa en dados.

6. Pon la pulpa de aguacate en una ensaladera y mézclala inmediatamente con 1 cucharada de jugo de limón para que no se ponga marrón. Agregue el bulgur, el pimiento morrón, la menta y las cebolletas.

7. Batir el jugo de limón restante, el aceite de oliva, la miel, el comino, la sal y la pimienta en un tazón pequeño. Vierta sobre los ingredientes preparados y mezcle todo junto. Sazone al gusto con sal y pimienta.

8. Divide la ensalada en dos platos. Desmenuza el queso de oveja con un tenedor y espolvorea por encima.

34. Halloumi frito con ensalada

ingredientes

- 200 g de halloumi (queso asado / horneado; estante para enfriar)
- 1 cucharadita de aceite de oliva
- sal
- pimienta
- 80 g de rúcula (1 manojo)
- 1 tubérculo de hinojo
- 1 cebolla morada grande
- 400 g de tomates cherry
- 4 cucharadas de pesto verde (vaso; estante para enfriar)

Pasos de preparación

1. Corta el queso en rodajas. Unte las rodajas de queso con aceite de oliva y sazone con sal y pimienta. Ase por ambos lados hasta que se doren en una parrilla de mesa.

2. Mientras tanto, lava, limpia y centrifuga la rúcula. Limpiar y lavar el hinojo y cortarlo en rodajas finas como una oblea. Pelar la cebolla y cortarla en rodajas finas.

3. Lave los tomates, séquelos y colóquelos en la parrilla. Colocar la rúcula, el hinojo y la cebolla en platos y colocar encima las lonchas de queso asado.

4. Rocíe cada queso con 1 cucharada de pesto, agregue los tomates asados y sazone con sal y pimienta. Servir inmediatamente.

35. Ensalada tailandesa de pepino

ingrediente

- 1 cucharada de salsa de soja
- 4 cucharadas de vinagre de arroz
- 2 cucharaditas de salsa de pescado tailandesa
- 2 cucharaditas de aceite de sésamo
- 2 cucharadas de azúcar de caña en bruto
- 1 pimiento rojo
- 1 kg de pepino (2 pepinos)
- sal
- ½ traste de albahaca tailandesa
- 3 tallos de menta

- 50 g de semilla de maní tostado

Pasos de preparación

1. Mezcle la salsa de soja, el vinagre de arroz, la salsa de pescado, el aceite de sésamo y el azúcar en un bol.

2. Cortar el pimiento por la mitad a lo largo, quitar el corazón, lavar y picar. Agregue a la salsa de vinagre de arroz.

3. Lave los pepinos, córtelos por la mitad a lo largo y raspe las semillas.

4. Cortar el pepino en finas medias lunas, un poco de sal y escurrir en un colador durante 10 minutos.

5. Mezclar el pepino escurrido con la salsa y dejar reposar durante 15 minutos (marinar).

6. Mientras tanto, lavar la albahaca y la menta, agitar para secar, arrancar las hojas y cortar en tiras finas.

7. Pica los cacahuetes muy finos. Incorpore los cacahuetes y las hierbas a la ensalada de pepino justo antes de servir.

36. Ensalada de pan crujiente y queso

ingredientes

- 120 g de pan de centeno integral (3 rebanadas)
- 30 g de pasas sultanas
- 4 cucharadas de vinagre de frutas
- sal
- pimienta
- 4 cucharadas de aceite de cártamo
- 300 g de manzanas (p. Ej., Elstar, 2 manzanas)

- 1 ½ manojo de rábano
- 100 g en rodajas queso (p. ej., leerdammer, 17% de grasa absoluta)
- 1 manojo de perejil de hoja plana

Pasos de preparación

1. Corta el pan en cubos de 1 cm y ásalos en una sartén sin aceite a fuego medio durante unos 4 minutos hasta que estén crujientes. Poner en un plato y dejar enfriar.

2. Mientras tanto, enjuague las pasas con agua caliente y escúrralas. Mezcle vinagre de frutas con un poco de sal, pimienta y aceite de cártamo para hacer un aderezo para ensaladas.

3. Lavar las manzanas, cortar cada manzana desde los 4 lados hacia el centro en rodajas de aproximadamente 5 mm de grosor, cortar las rodajas en cubos. Mezclar los dados de manzana y las pasas sultanas con el aderezo.

4. Lavar, escurrir y limpiar los rábanos. Ponga a un lado las hojas pequeñas de rábano; Corta los rábanos en cuartos.

5. Cortar las rodajas de queso en cuadrados de 2 cm. Lavar el perejil, agitar para secar y arrancar las hojas.

6. Mezclar el queso, el perejil y las hojas de rábano, los rábanos y el aderezo de manzana. Sazone al gusto con sal y pimienta.

7. Coloque la lechuga en un recipiente grande de almacenamiento de alimentos que cierre bien (aproximadamente 1,5 l de contenido) para transportarla. Coloque los cubos de pan en un recipiente de almacenamiento de alimentos más pequeño (aprox. 500 m de capacidad) y espolvoree sobre la ensalada de queso y rábanos antes de servir.

37. Ensalada de rúcula y mango

ingredientes

- 125 g de rúcula
- 1 mango pequeño
- 1 pimiento rojo
- 1 manojo de cebolletas
- 2 cucharadas de vinagre balsámico
- 1 cucharadita de mostaza de Dijon granulada
- 2 cucharaditas de miel líquida

- sal
- pimienta
- 7 cucharadas de aceite de oliva
- 250 filetes de pechuga de pollo
- ½ cucharadita de curry en polvo

Pasos de preparación

1. Limpia, lava y centrifuga la cohete.
2. Pelar el mango, cortar primero la pulpa del hueso y luego cortar en dados.
3. Cortar en cuartos, quitar el corazón, lavar y picar el pimiento. Lavar y limpiar las cebolletas y cortar las blancas y verde claro en aros finos.
4. Mezclar vinagre, mostaza y miel con un poco de sal y pimienta, verter 6 cucharadas de aceite y batir en una salsa de ensalada (vinagreta).
5. Cortar la pechuga de pollo en rodajas finas y aplanar (plato) entre 2 capas de film transparente.

6. Mezclar la rúcula con las cebolletas y la vinagreta. Transfiera a un plato y espolvoree con los cubitos de mango y pimiento.

7. Sazone las rodajas de pollo con sal y pimienta y fríalas en el aceite caliente restante en una sartén antiadherente durante 1-2 minutos por cada lado.

8. Espolvorea el pollo con curry y dale la vuelta brevemente. Agregue a la ensalada inmediatamente y sirva.

38. Ensalada de papa verde

ingredientes

- 300 g de patatas cerosas (3 patatas cerosas)

- sal
- 1 cebolla morada
- 2 cucharadas de vinagre de sidra de manzana
- 150 ml de caldo de verduras clásico
- 2 cucharadas de aceite de colza
- pimienta
- 80 g de lechuga de cordero
- 1 manojo de cebolletas
- 1 manzana
- 70 g de jamón de salmón

Pasos de preparación

1. Lave las patatas y cocine en agua hirviendo durante 20-25 minutos. Luego escurrir, enjuagar con agua fría, pelar y dejar enfriar.
2. Cortar las patatas enfriadas en rodajas, sazonar con sal y colocar en un bol. Pelar la cebolla y picar finamente.

3. Llevar a ebullición los dados de cebolla con vinagre y el caldo en una cacerola pequeña, verter hirviendo sobre las patatas.

4. Agrega aceite y mezcla todo. Déjelo reposar durante 30 minutos, mezclando más a menudo.

5. Mientras tanto, limpia la lechuga de cordero, dejando las raíces intactas para que las hojas se mantengan juntas. Lave la lechuga y déjela secar bien. Lavar las cebolletas, secarlas agitar y cortar en bollos finos.

6. Lavar, cortar en cuartos y quitar el corazón de la manzana y cortarla en rodajas finas.

7. Corta el jamón de salmón en tiras finas.

8. Sazone la ensalada de papas con sal y pimienta. Agrega la lechuga de cordero, los rollitos de cebollino, las tiras de

jamón y las rodajas de manzana a la ensalada y mezcla.

39. Ensalada de papaya con pepino

ingredientes

- 900 g de papaya (2 papayas)
- 1 kg de pepino (2 pepinos)
- 2 limones orgánicos
- 1 cucharada de miel líquida de flores
- 1 cucharada de aceite de oliva
- 3 tallos de menta
- ½ traste cebollino
- sal

Pasos de preparación

1. Pelar las papayas y cortarlas en cuartos a lo largo. Descorazona la pulpa y córtala en rodajas de unos 5 mm de grosor. Transfiera a un tazón grande.

2. Lavar y pelar los pepinos, cortarlos por la mitad a lo largo y descorazonarlos con una cuchara. Cortar en diagonal en rodajas también de unos 5 mm de grosor y añadir a las papayas.

3. Lavar 1 limón con agua caliente, secar y rallar finamente la cáscara. Pele ambos

limones tan espesos que la piel blanca también se elimine.

4. Corta los filetes de limón entre las pieles de separación y córtalos por la mitad transversalmente. Agrega los filetes y la ralladura de limón a la mezcla de papaya y pepino.

5. Combine la miel y el aceite de oliva en un tazón pequeño. Mezclar con los filetes de papaya, pepino y limón y dejar reposar la ensalada durante unos 15 minutos.

6. Mientras tanto, lave la menta y el cebollino y agite para secar. Se arrancan las hojas de menta y se cortan en tiras, las cebolletas en rollos.

7. Agrega las cebolletas y la menta a la ensalada. Sazone al gusto con un poco de sal y sirva o coloque en un recipiente de almacenamiento de alimentos bien cerrado (aprox. 1,5 l de capacidad) para su transporte.

40. Lechuga romana a la plancha con aderezo de menta

ingredientes

- 30 g de piñones (2 cucharadas)
- 2 tallos de menta
- 3 cucharadas de aceite de oliva
- sal
- pimienta

- 1 cucharada de jugo de limón
- 600 g de corazón de ensalada de lechuga romana (4 corazones de ensalada de lechuga romana)
- 30 g de parmesano (1 pieza; 30% de grasa en materia seca)
- 200 g de pan integral de espelta

Pasos de preparación

5. Ase los piñones en una sartén caliente a fuego medio sin grasa. Mientras tanto, lava la menta, agítala para secarla y quita las hojas. Haga un puré fino de las hojas con aceite y 2-3 cucharadas de agua. Condimente con sal, pimienta y jugo de limón.

6. Lavar los corazones de lechuga, agitar para secar y cortar por la mitad a lo largo. Unte con 1 cucharada de aceite para condimentar y ase durante 5 minutos en la parrilla precalentada, volteándola de

vez en cuando. Mientras tanto, corta el parmesano en rodajas.

7. Colocar los corazones de lechuga en una fuente, rociar con el aceite de condimento restante y espolvorear con piñones y parmesano.

8. Ase el pan baguette a la parrilla y sirva con la ensalada.

CAPITULO CINCO
Brochetas de parrilla

41. Salchichas de cóctel en un palito

ingredientes

- 48 mini salchichas
- 100 g de gouda en rodajas
- 24 palillos de dientes

Pasos de preparación

1. Pinche 2 salchichas cada una en un palillo.
2. Descorteza el queso, córtalo en tiras, cubre las brochetas con ellas y hornea en

el horno a 200 ° C durante unos 5 minutos hasta que el queso se derrita.

42. Brochetas de maíz y laurel

ingredientes

- 2 mazorcas de maíz cocidas (lata o envasado al vacío)
- 10 hojas de laurel frescas
- 1 cucharada de aceite de oliva
- pimienta con limón
- sal
- 1 pizca de azúcar

Pasos de preparación

1. Escurrir la mazorca de maíz y cortar cada una en 6 rodajas.

2. Coloque el maíz y las hojas de laurel alternativamente en 4 brochetas de parrilla.

3. Cepille todo alrededor con el aceite y dore en el borde de la parrilla caliente durante 10-15 minutos, girando de vez en cuando. Condimente con limón, pimienta, sal y una pizca de azúcar y sirva.

43. Satay con solomillo de cerdo

ingredientes

- 800 g de carne de cerdo
- 3 cucharaditas de pasta de curry verde
- 3 cucharadas de aceite de maní
- 1 cucharadita de mezcla de 5 especias
- 2 cucharadas de salsa de soja
- 30 g de semilla de maní salada, finamente picada
- 5 cucharadas de mantequilla de maní
- 130 ml de agua
- 2 cucharadas de azúcar
- jugo de limon
- sal

Pasos de preparación

1. Corta la carne en tiras. Mezcle el aceite con 2 cucharaditas de pasta de condimento de curry, salsa de soja, 2 cucharaditas de mantequilla de maní y 1/2 cucharadita de polvo de especias de 5 estaciones. Colocar los trozos de carne en él, amasar ligeramente y dejar en un lugar fresco durante aprox. 15-30 minutos. Coloque la carne en forma de onda en brochetas de madera.

2. Ase las nueces picadas en una sartén. Agregue el agua y la mantequilla de maní y deje hervir. Sazone al gusto con las 5 especias restantes, la pasta de condimento de curry, la sal, el azúcar y el jugo de limón. Deja que la salsa se reduzca un poco.

3. Asa las brochetas durante unos 10 minutos y sírvelas con la salsa.

4. Sirve con arroz o verduras.

44. Pollo al limoncillo en una brocheta

ingredientes

- 600 g de filete de pechuga de pollo
- 2 huevos
- 3 cucharadas de pan rallado
- 1 pizca de cáscara de limón rallada
- pimienta
- sal
- ½ cucharadita de curry
- 1 cucharadita de mostaza
- rodaja de lima para decorar
- salsa de curry para servir (producto terminado)
- 12 barritas de limoncillo

Pasos de preparación

1. Pasar la pechuga de pollo por la picadora de carne. Mezclar con huevos, piel de limón, pan rallado, sal, pimienta, curry y mostaza para hacer la masa de carne.

2. Sazone al gusto, divida en 12 porciones y apriete cada porción alrededor de una barra de limoncillo con las manos. Ase todo a la parrilla durante unos 5 minutos. Sirve con rodajas de limón y salsa de curry.

45. Rollitos de filete de cerdo

ingredientes

- 2 cebollas rojas
- 6 cucharadas de aceite de oliva
- 2 cucharaditas de pimentón ahumado en polvo (especialidad española)
- 350 g de solomillo de cerdo

Pasos de preparación

1. Pelar y cortar por la mitad las cebollas y cortarlas en aros muy finos. Combine el aceite y el pimentón en un tazón pequeño.

2. Enjuague el lomo de cerdo, séquelo y córtelo en 16 rodajas finas.

3. Coloque las rodajas sobre un gran trozo de film transparente y cúbralas con un segundo trozo de film plástico.

4. Ahora aplaste un poco con un ablandador de carne o una cacerola pesada. Retire el papel de aluminio y cubra las rodajas de carne con la mitad del aceite de pimentón.

5. Extienda los aros de cebolla sobre la carne, enrolle todas las rodajas de filete en rollos pequeños y coloque 4 de cada uno en 1 brocheta de parrilla.

6. Coloque los panecillos en un plato de aluminio y unte con el aceite de pimentón restante. Ase durante unos 6-8 minutos por cada lado.

46. Satay de pollo con salsa de maní

ingredientes

- 600 g de filete de pechuga de pollo (2 filetes de pechuga de pollo)
- 4 cucharadas de salsa de soja
- ½ cucharadita de mezcla de 5 especias
- 1 huevo
- 1 rama de perejil

Para la salsa

- 100 g de mantequilla de maní fina
- 100 g de queso crema fresca
- 50 ml de vino blanco
- 1 cucharada de salsa de soja oscura
- Sal

Pasos de preparación

1. Corte las pechugas de pollo una vez a lo ancho, pero no las corte, despliegue en un escalope largo, corte en 4 tiras largas cada una. Pega el huevo con la salsa de soja y la mezcla de especias y marina la carne durante al menos 30 minutos. Retirar la carne de la marinada y escurrir bien, colocar en forma de onda sobre 8 brochetas de madera.

2. Para la salsa, poner todos los ingredientes en una taza alta y hacer puré vigorosamente, sazonar con sal y llenar en tazones. Freír las brochetas en una parrilla durante aprox. 5-8 minutos. Coloca 4 brochetas con un tazón de salsa en platos y sírvelas adornadas con perejil.

47. Brochetas de pavo tailandesas

ingredientes

- 500 g de escalope de pavo (4 escalopes de pavo)
- 1 lima
- 1 diente de ajo
- 3 cucharadas de salsa de soja
- 1 cucharada de aceite de sésamo oscuro
- 4 cebollas
- 125 ml de caldo de verduras clásico
- 100 g de mantequilla de maní
- 1 cucharada de azúcar
- sal
- hojuelas de chile

Pasos de preparación

1. Enjuague el escalope de pavo, séquelo y córtelo a lo largo en 5 tiras.

2. Pin cada tira en forma de onda en 1 brocheta de madera. Coloque las brochetas en una fuente para hornear grande y plana.

3. Corta por la mitad y exprime la lima. Pon 2 cucharadas de jugo en un bol. Pele el ajo y exprímalo en el jugo de lima con una prensa de ajo.

4. Agregue la salsa de soja y el aceite de sésamo. Cepille las brochetas de pavo con ella y déjelas marinar en el frigorífico durante al menos 1 hora.

5. Mientras tanto, pela y pica las cebollas. Ponga los cubos de cebolla y el caldo en una cacerola pequeña y déjelos hervir. Tape y cocine a fuego lento durante unos 20 minutos hasta que las cebollas casi se desmoronen, revolviendo ocasionalmente.

6. Agrega la mantequilla de maní y el azúcar a la mezcla de cebolla. Sazone al gusto con sal, hojuelas de chile y 1-2 cucharadas de jugo de limón. Si lo desea, diluya con un poco de caldo de verduras y déjelo enfriar.

7. Escurre un poco las brochetas de pavo, colócalas en un plato grande de aluminio y ásalas a la parrilla caliente durante 8-10 minutos, volteándolas varias veces y untándolas con un poco de adobo. Sirve con salsa de maní.

48. Pinchos de salchicha de colores

ingredientes

- 150 g de manzanas de piel verde (1 manzana de piel verde)
- 150 g de calabacín amarillo pequeño (1 calabacín amarillo pequeño)
- 2 cebollas rojas pequeñas
- 252 g de salchichas rost de Nuremberg bajas en grasa (12 salchichas de Nuremberg rost bajas en grasa; 22% de grasa)
- 1 cucharada de aceite de colza
- 1 cucharada de mostaza dulce
- 1 cucharada de jugo de manzana
- pimienta del molino

Pasos de preparación

1. Lavar la manzana, secarla, secarla en cuartos, quitarle el corazón y cortarla en rodajas.

2. Lavar el calabacín, limpiar, cortar por la mitad y también cortar en rodajas.

3. Pelar y cortar las cebollas en octavos.

4. Cortar por la mitad las salchichas en forma de cruz y pegarlas alternativamente con trozos de manzana, calabacín y cebolla en 6 pinchos largos. (Atención: si usa brochetas de madera, ¡remójelas en agua durante unos 15 minutos antes para que no se quemen!) Coloque las brochetas en una bandeja grande de aluminio para parrilla.

5. Batir el aceite, la mostaza y el jugo de manzana en un tazón pequeño, sazonar con pimienta. Cepille las brochetas con ella y cocine en la rejilla de alambre

caliente durante 8-10 minutos, girando de 2 a 3 veces.

49. Brochetas de rollos

ingredientes

- 1 manojo de albahaca
- 720 g de escalopes finos de ternera (6 escalopes finos de ternera)
- sal pimienta del molino
- 100 g de ricotta
- 6 lonchas de jamón de parma
- 2 cucharadas de aceite vegetal
- 8 pinchos largos de madera

Pasos de preparación

1. Lavar la albahaca y secar con agitación, arrancar las hojas. Golpee el escalope y sazone con sal y pimienta, luego esparza una fina capa de ricotta. Extienda las hojas de albahaca encima. Cubra cada escalope con 1 rebanada de jamón de Parma. Enrolle el escalope bien apretado por el lado estrecho. Recorta los rollitos de los lados para que tengan el mismo tamaño. Coloque 3 rollitos juntos en un plato plano. Engrase las brochetas y pinche 4 brochetas de manera uniforme a través de los rollitos. Luego corte entre las brochetas con un cuchillo afilado, de modo que se creen 4 brochetas de caracol.

2. Calentar 1 cucharada de aceite en una sartén. Freír las brochetas de rollitos en porciones a fuego medio durante 3-5 minutos por cada lado, agregando el

aceite restante. Sirva adornado con albahaca.

50. Brochetas de salchicha y champiñones

ingredientes

- 150 g de chalotas pequeñas
- 150 g de champiñones marrones pequeños
- 12 hojas de laurel frescas
- 280 g de salchichas de ave pequeñas (4 salchichas de ave pequeñas; 8% de grasa)
- 2 cucharadas de aceite de germen
- sal
- pimienta

Pasos de preparación

1. Pelar y cortar las chalotas por la mitad. Limpiar los champiñones con un cepillo o papel de cocina y cortar los extremos de los tallos.

2. Si es necesario, arranca las hojas de laurel, lava y seca.

3. Cortar las salchichas en trozos de 3 cm de largo. Colocar en 4 brochetas a la parrilla alternativamente con champiñones, chalotes y hojas de laurel.

4. Unte las brochetas con el aceite, sazone con sal y pimienta. Coloque en una bandeja de aluminio para parrilla y cocine a la parrilla en la parrilla caliente durante 8-10 minutos, dando vueltas varias veces en el medio.

CONCLUSIÓN

Cada vez que cocine a la parrilla, debe tomar una decisión importante sobre el tipo de leña a utilizar. La carne de res, cerdo, aves y mariscos tienen diferentes sabores dependiendo de la madera. También es cierto que determinadas maderas están asociadas y complementan tipos específicos de carne.

Muchos de los mejores expertos en barbacoas guardan silencio cuando se trata de revelar sus secretos exactos porque asar a la parrilla o ahumar con leña es una parte muy importante de su repertorio. Todo, desde el tipo de madera que usan hasta sus propias recetas de salsa, hasta cómo sazonan la carne antes de asarla, pueden convertirse en armas secretas en su búsqueda por mantenerse en la cima del mundo de las barbacoas.

Lightning Source UK Ltd.
Milton Keynes UK
UKHW020418070521
383233UK00001BA/99